Impressum
Verlag: BABADADA GmbH, Nedderfeld 112 , 22529 Hamburg
Geschäftsführer / Verlagsleitung: Harald Hof
Druck: Books on Demand GmbH, In de Tarpen 42, 22848 Norderstedt

Imprint
Publisher: BABADADA GmbH, Nedderfeld 112 , 22529 Hamburg, Germany
Managing Director / Publishing direction: Harald Hof
Print: Books on Demand GmbH, In de Tarpen 42, 22848 Norderstedt, Germany

ysgol
chikoro

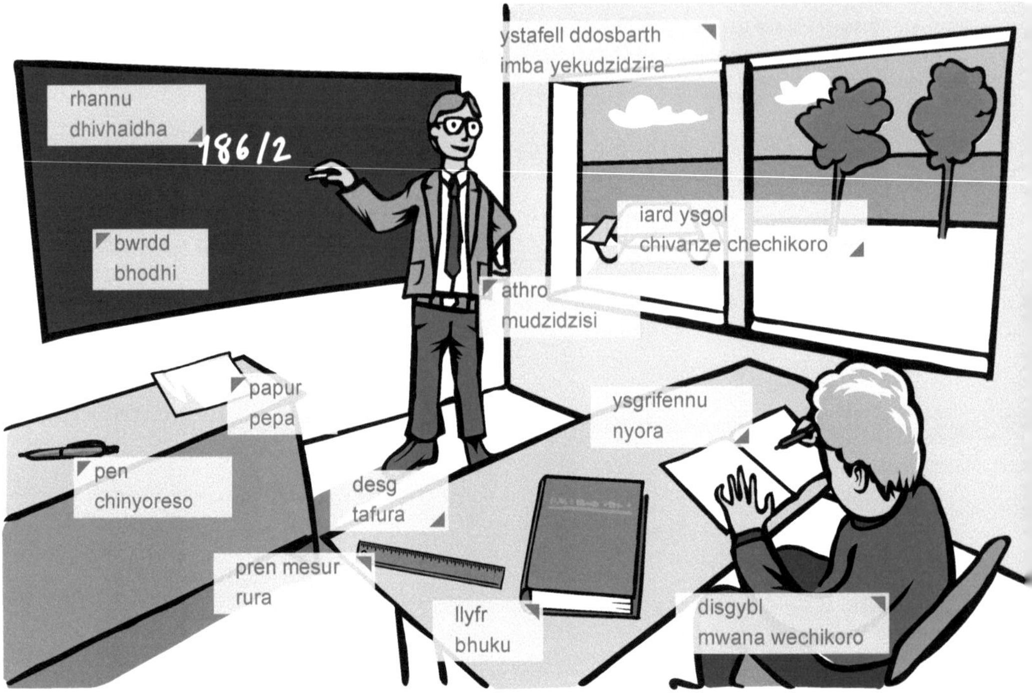

ystafell ddosbarth
imba yekudzidzira
rhannu
dhivhaidha
186/2
bwrdd
bhodhi
iard ysgol
chivanze chechikoro
athro
mudzidzisi
papur
pepa
ysgrifennu
nyora
pen
chinyoreso
desg
tafura
pren mesur
rura
llyfr
bhuku
disgybl
mwana wechikoro

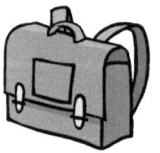

bag ysgol

bhegi

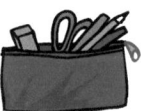

blwch penseli

chekuchengetera mapenzura

pensil

penzura

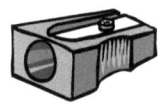

peth rhoi min ar bensil

chekurodzesa mapenzura

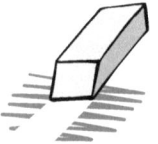

rwber

rabha

pad arlunio

bhuku rekudhirowera mifananidzo

llun

mufananidzo wakadhirowewa

brws paent

bhurasho rekupendesa

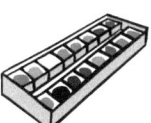

blwch paent

bhokisi rependi

siswrn

chigero

glud

guruu

llyfr ysgrifennu

bhuku rekunyorera

gwaith cartref

basa rinoitirwa kumba

rhif

nhamba

ychwanegu

sanganisa

tynnu

bvisa

lluosi

wanziridza

cyfrifo

kakureta

llythyren

bhii

ABCDEFG HIJKLMN OPQRSTU VWXYZ

gwyddor

arufabheti

gair

shoko

testun
mashoko

darllen
kuverenga

sialc
choko

gwers
chidzidzo

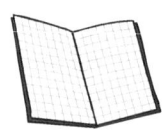

cofrestr
bhuku remazita

arholiad
bvunzo

tystysgrif
setifiketi

gwisg ysgol
yunifomu yekuchikoro

addysg
dzidzo

gwyddoniadur
encyclopedia

prifysgol
yunivhesiti

microsgop
maikorosikopu

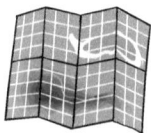

map
mepu

basged papur gwastraff
bhini remapepa

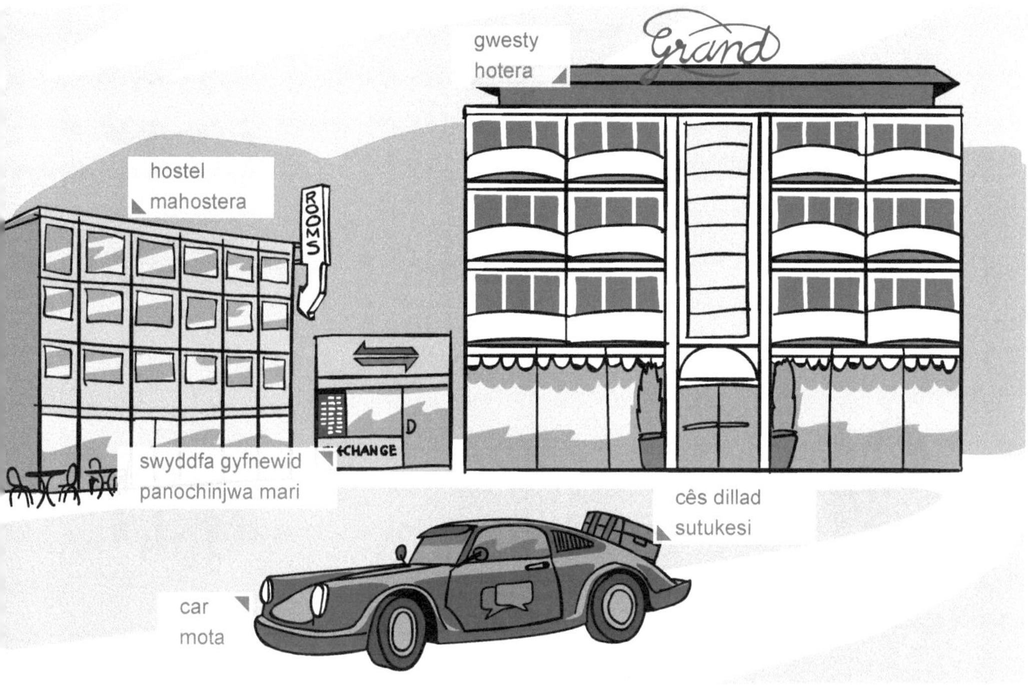

gwesty
hotera
Grand
hostel
mahostera
ROOMS
swyddfa gyfnewid
panochinjwa mari
cês dillad
sutukesi
car
mota

iaith
mutauro

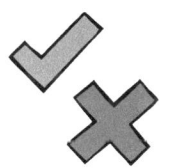

ie / na
hongu / kwete

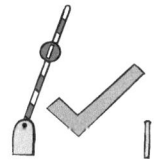

iawn
Zvakanaka

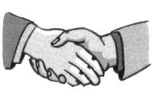

helo
hesi

cyfieithydd
mushanduri

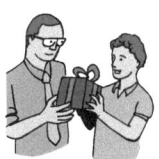

Diolch yn fawr
Mazvita

faint yw ...?

Imarii... ?

Dw i ddim yn deall

Handisi kunzwisisa

problem

dambudziko

Noswaith dda!

Manheru!

Bore da!

Mangwanani!

Nos da!

Murare zvakanaka

hwyl

toonana

cyfarwyddyd

mafambiro

bagiau

katundu

bag

bhegi

gwarbac

bhegi rekumusana

gwestai

muenzi

ystafell

imba

sach gysgu

bhegi rekurarira

pabell

tendi

gwybodaeth i ymwelwyr

mashoko evafambi

traeth

mahombekombe

cerdyn credyd

kadhi rekubhengi

brecwast

kudya kwemangwanani

cinio

kudya kwemasikati

swper

kudya kwemanheru

tocyn

tiketi

lifft

chikwidzo

stamp

chitambi

ffin

muganhu

tollau

vanoona nezvekupinda
munyika

llysgenhadaeth

vamiririri venyika

fisa

vhiza

pasbort

pasipoti

cludiant

zvifambiso

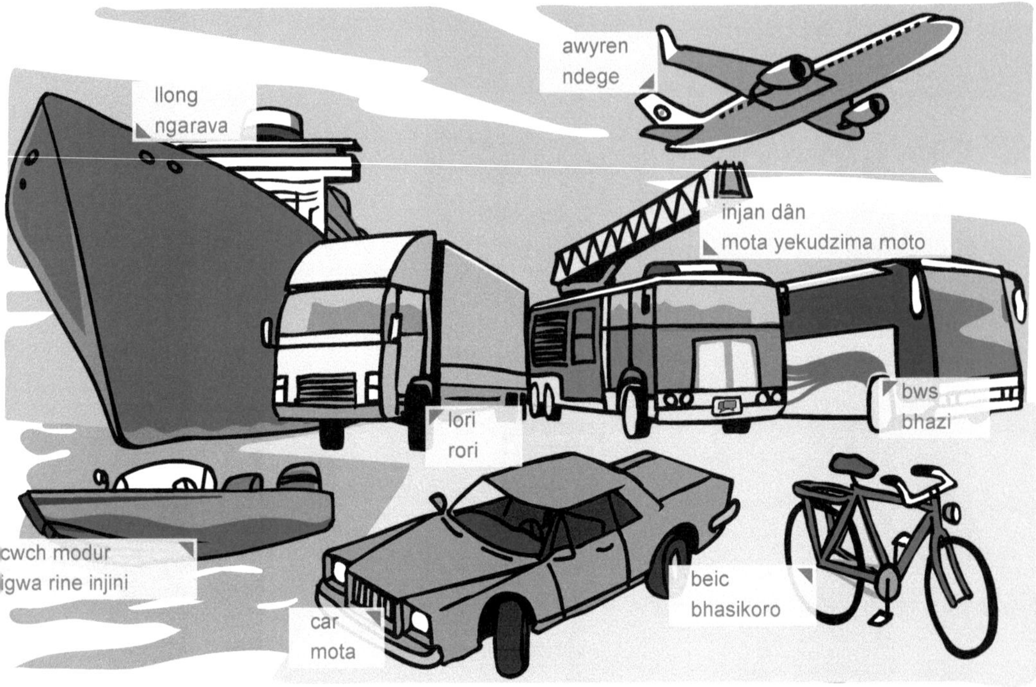
awyren
ndege
llong
ngarava
injan dân
mota yekudzima moto
lori
rori
bws
bhazi
cwch modur
igwa rine injini
beic
bhasikoro
car
mota

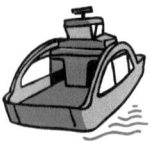

fferi
igwa

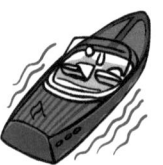

cwch
igwa

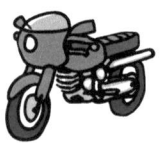

beic modur
mudhudhudhu

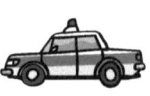

car yr heddlu
mota yemapurisa

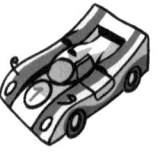

car rasio
mota yemujaho

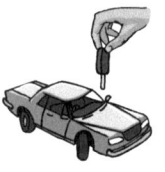

car wedi'i rentu
mota yekuhaya

rhannu car

kuhaya mota

lori tynnu

mota inodhonza dzinenge
dzafa

lori ysbwriel

mota yemabhini

modur

injini

tanwydd

mafuta

gorsaf betrol

garaji remafuta

arwydd traffig

chikwangwani
chemumugwagwa

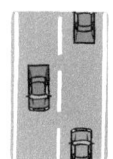

traffig

mota

tagfa draffig

mota dzakawandisa

maes parcio

panopakwa mota

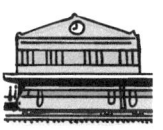

gorsaf drennau

chiteshi chezvitima

traciau

njanji

trên

chitima

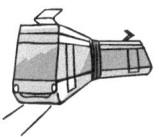

tram

tram

wagen

chitima

hofrennydd

chikopokopo

maes awyr

nhandare yendege

tŵr

nharire

teithiwr

mufambi

cynhwysydd

chikondena

paced

kadhibhodhi bhokisi

cert

ngoro

basged

bhasiketi

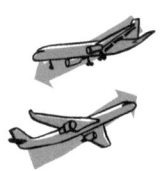

esgyn / glanio

simuka / mhara

dinas

guta

pentref

musha

canol y ddinas

pakati peguta

tŷ

imba

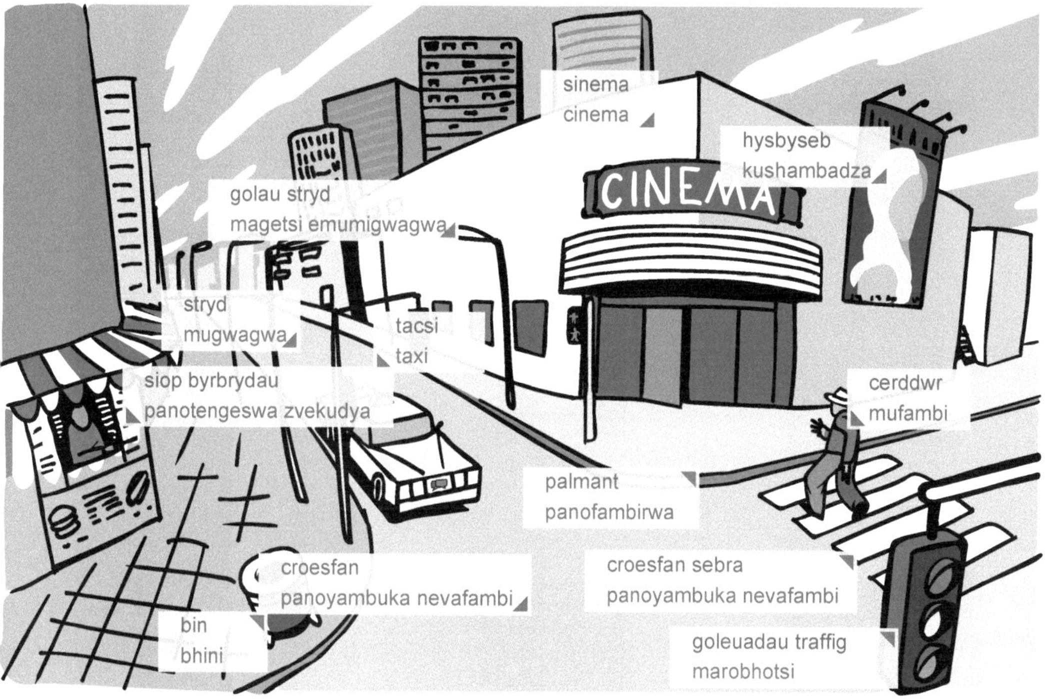

sinema
cinema

hysbyseb
kushambadza

golau stryd
magetsi emumigwagwa

stryd
mugwagwa

tacsi
taxi

siop byrbrydau
panotengeswa zvekudya

cerddwr
mufambi

palmant
panofambirwa

croesfan
panoyambuka nevafambi

croesfan sebra
panoyambuka nevafambi

bin
bhini

goleuadau traffig
marobhotsi

cwt
....
imba

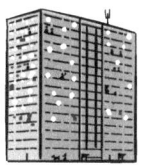

fflat
....
mafurati

gorsaf drennau
....
chiteshi chezvitima

neuadd y dref
....
imba yeguta

amgueddfa
....
muziyamu

ysgol
....
chikoro

prifysgol

yunivhesiti

banc

bhengi

ysbyty

chipatara

gwesty

hotera

fferyllfa

panotengeswa mishonga

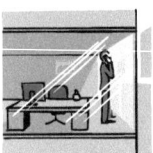

swyddfa

hofisi

siop lyfrau

chitoro chemabhuku

siop

chitoro

siop flodau

panotengeswa maruva

archfarchnad

supamaketi

farchnad

musika

siop adrannol

chitoro chine
madhipatimendi

siop bysgod

panotengeswa hove

canolfan siopa

nzimbo ine zvitoro

harbwr

chiteshi chengarava

parc
paki

banc
bhenji

pont
bhiriji

grisiau
masitepisi

rheilffordd danddaearol
nzira inoenda nepasi

twnnel
mugwagwa wepasi

safle bws
panokwirirwa mabhazi

bar
bhawa

bwyty
resitorendi

blwch post
bhokisi retsamba

arwydd stryd
chikwangwani
chemugwagwa

mesurydd parcio
mita yekupaka

sŵ
munochengeterwa mhuka

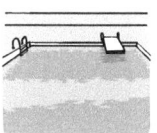

pwll nofio
kunotuhwinirwa

mosg
mosque

fferm
purazi

llygredd
kusvibisa

mynwent
kumakuva

eglwys
chechi

maes chwarae
pekutambira

teml
temberi

tirwedd
mamiriro akaita nzvimbo

deilen
shizha

arwydd cyfeirio
chikwangwani

ffordd
nzira

dôl
mafuro

carreg
dombo

coeden
muti

heiciwr
mufambi

afon
rwizi

glaswellt
uswa

blodyn
ruva

cwm

mupata

bryn

gomo

llyn

dhamu

coedwig

sango

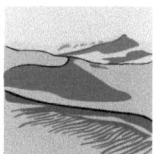

anialwch

gwenga

llosgfynydd

chikwatamabwe

castell

zimba

enfys

muraraungu

madarchen

hohwa

palmwydden

muchindwe

moʒgito

umhutu

pryf

nhunzi

morgrugyn

svosve

gwenyn

nyuchi

pryf copyn

buve

chwilen

chipembenene

llyffant

datya

gwiwer

tsindi

draenog

nungu

ysgyfarnog

tsuro

tylluan

zizi

aderyn

shiri

alarch

swan

baedd

nguruve yemusango

carw

nondo

elc

moose

argae

dhamu

tyrbin gwynt

injini yemhepo

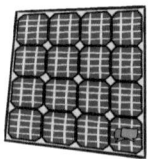

panel haul

panero rezuva

hinsawdd

mamiriro ekunze

bwyty
resitorendi

gweinydd
hweta
bwydlen
menyu
cadair
cheya
cawl
supu
pitsa
pitsa
lliain bwrdd
jira repatebhuru
cyllyll a ffyrc
zvekushandisa pakudya

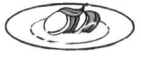

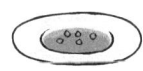

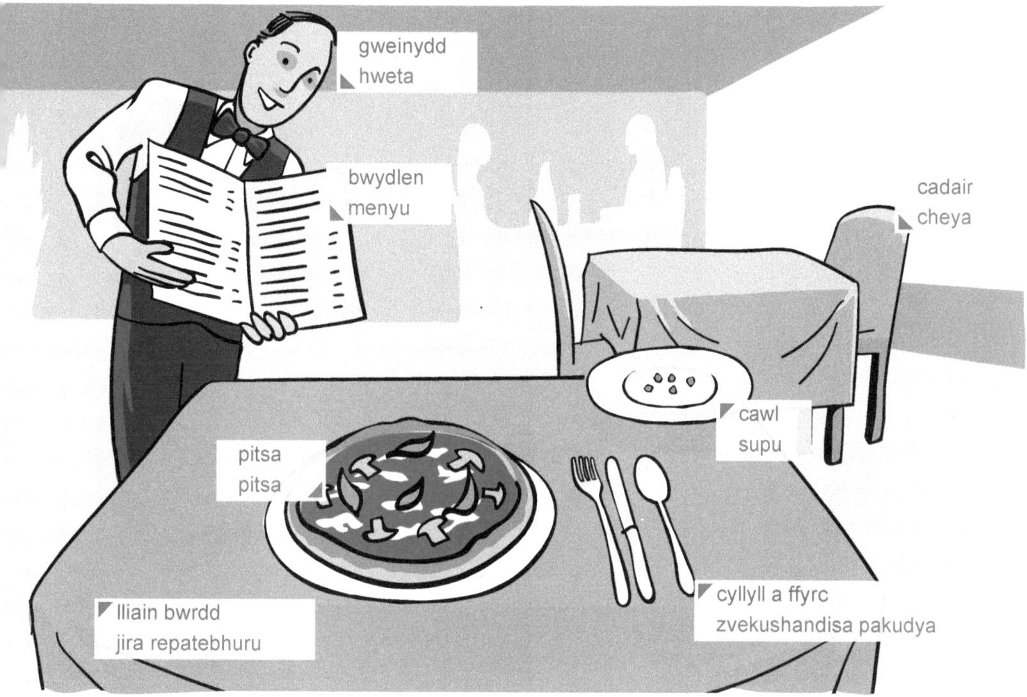

cwrs cyntaf

zvekusosa nzara

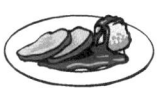

prif gwrs

zvekudya

pwdin

zvekuseredzera

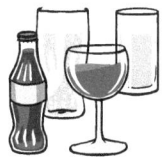

diodydd

zvekunwa

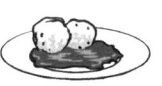

bwyd

zvekudya

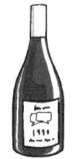

potel

bhodhoro

bwyd cyflym

zvekudya zvisingatori nguva kubika

bwyd y stryd

chikafu chinotengeswa munzira

tebot

tipoti

powlen siwgr

gabha reshuga

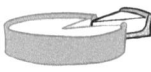

dogn

chidimbu

peiriant espresso

muchina wekofi

cadair plentyn

cheya yemwana

bil

bhiri

hambwrdd

tureyi

cyllell

banga

fforc

forogo

llwy

chipunu

llwy de

chipunu

napcyn

zvekupukutisa muromo

gwydr

girazi

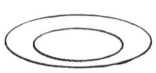

plât

ndiro

plât cawl

ndiro yesupu

soser

ndiro

saws

supu

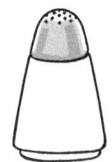

pot halen

chekuisira sauti

melin bupur

chekugaya mhiripiri

finegr

vhiniga

olew

mafuta

sbeisys

masipaisi

saws coch

ketchup

mwstard

mustard

mayonnaise

mayonaizi

archfarchnad
supamaketi

cynnig arbennig
zvaderedzwa mitengo
FOR
cwsmer
mutengi
cynnyrch llaeth
zvinogadzirwa nemukaka
ffrwythau
michero
troli
chingoro

BUTCHERS

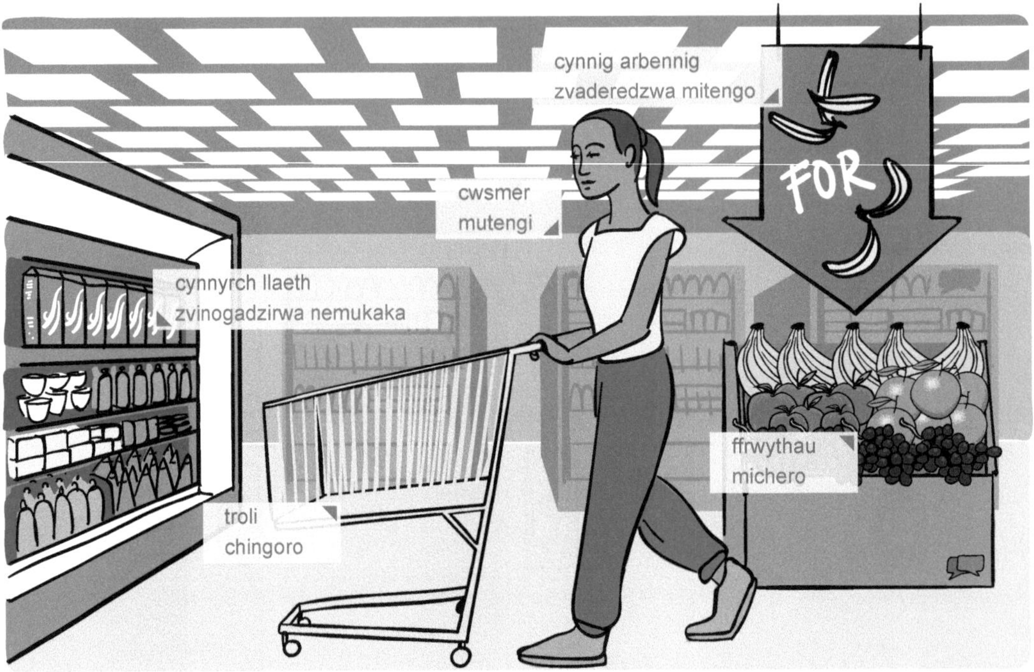

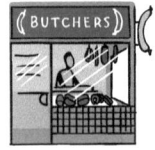

siop gig

panotengeswa nyama

BAKERY

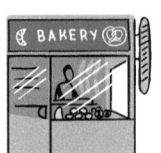

siop fara

panotengeswa chingwa

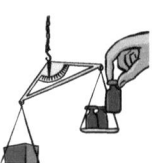

pwyso

kuyera

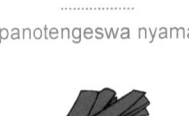

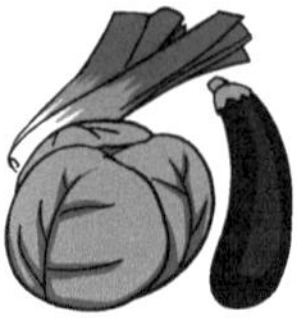

llysiau

miriwo

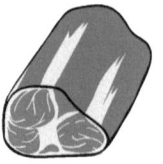

cig

nyama

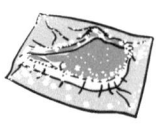

Bwyd wedi'i rewi

zvekudya zvakaoma nechando

cig oer

nyama yakatonhora

bwyd tun

zvekudya zvemugaba

powdr golchi

sipo yeupfu yekuwachisa

da-da

masuwiti

cynnyrch cartref

zvekushandisa mumba

cynhyrchion glanhau

zvekuchenesa nazvo

gwerthwraig

mutengesi

til

tiru

ariannwr

mutengesi

rhestr siopa

zviri kuda kutengwa

oriau agor

nguva dzekuvhura

waled

chikwama

cerdyn credyd

kadhi rekubhengi

bag

bhegi

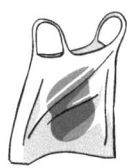

bag plastig

pepa rekuisira

dŵr

mvura

sudd

muto wemichero

llefrith

mukaka

côc

coke

gwin

waini

cwrw

doro

alcohol

doro

coco

cocoa

te

tii

coffi

kofi

espresso

kofi

cappuccino

cappuccino

ffrwchledd

bhanana

afal

apuro

oren

orenji

melon

nwiwa

lemwn

ndimu

moronen

karotsi

garlleg

gariki

bambŵ

mushenjere

nionyn

hanyanisi

madarchen

hohwa

cnau

nzungu

nwdls

manoodle

sbageti

spaghetti

reis

mupunga

salad

saradhi

sglodion

machipisi

tatws wedi'u ffrïo

mbatatisi dzakafuraiwa

pitsa

pitsa

hambyrger

chingwa chakaruma nyama

brechdan

sangweji

cytled

nhindi

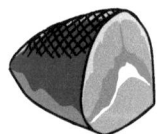

ham

ham

salami

salami

selsig

soseji

cyw iâr

huku

rhost

gochwa

pysgodyn

hove

ceirch uwd

bota reoats

miwsli

muesli

creision ŷd

macornflake

blawd

furawa

croissant

croissant

bynsen

chingwa

bara

chingwa

tost

chingwa chakagochwa

bisgedi

mabhisikiti

menyn

bhata

cculed

ige

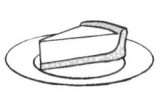

teisen

keke

wy

zai

wy wedi'i ffrio

zai rakafuraiwa

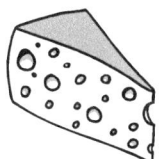

caws

chizi

bwyd - zvekudya

hufen iâ

aizikirimu

siwgr

shuga

mêl

huchi

jam

jemu

siocled taenu

chocolate yekuzora

cyri

curry

fferm
purazi

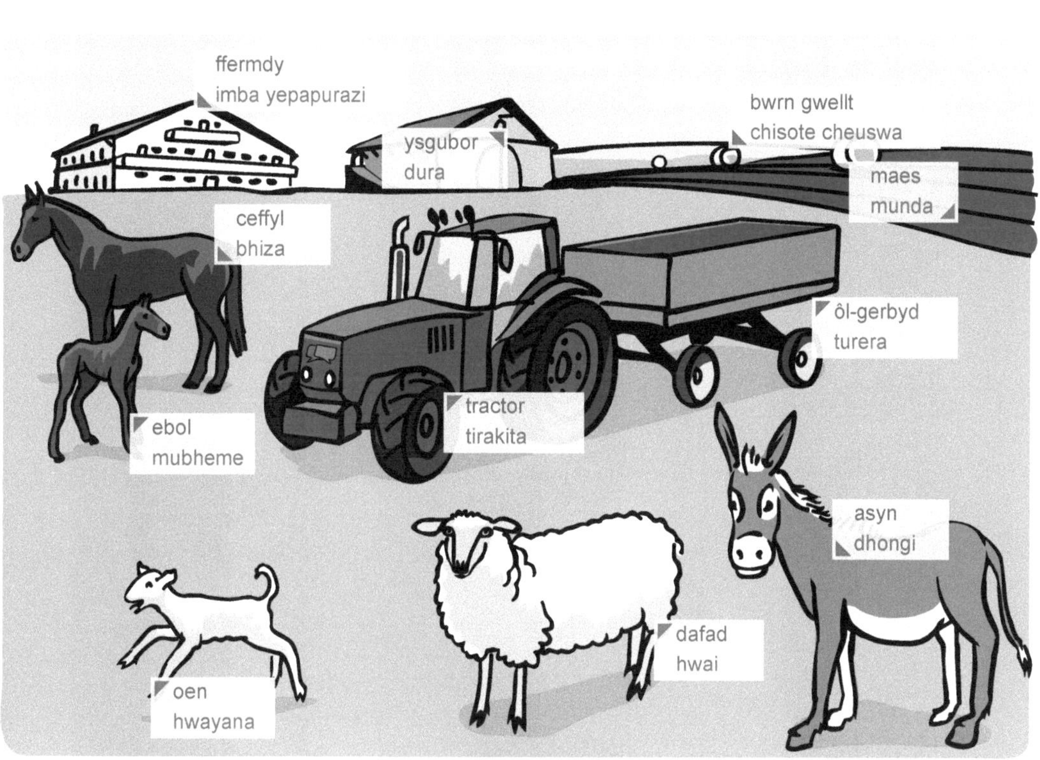
ffermdy
imba yepapurazi
ysgubor
dura
bwrn gwellt
chisote cheuswa
maes
munda
ceffyl
bhiza
ôl-gerbyd
turera
tractor
tirakita
ebol
mubheme
asyn
dhongi
dafad
hwai
oen
hwayana

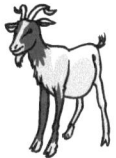

gafr
mbudzi

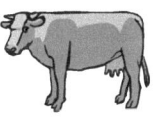

buwch
mhou

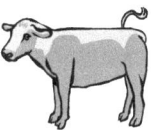

llo
mhuru

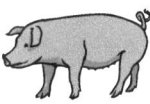

mochyn
nguruve

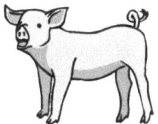

porchell
chigwi

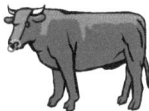

tarw
bhuru

gwydd

dhadha

hwyaden

dhakisi

cyw

nhiyo

iâr

tseketsa

ceiliog

jongwe

llygoden fawr

gonzo

cath

katsi

llygoden

mbeva

ych

dhonza

ci

imbwa

cwt ci

imba yembwa

pibell ddŵr

pombi yemvura

can dŵr

keni yekudiridzisa

pladur

jeko

aradr

gejo

 fferm - purazi

cryman

jeko

fforch chwynu

badza

picwarch

forogo

bwyell

demo

berfa

bhara

cafn

chidyiro

tun llefrith

bhodhoro remukaka

sach

saga

ffens

fenzi

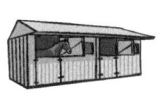

stahl

danga

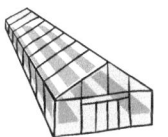

tŷ gwydr

greenhouse

pridd

ivhu

hedyn

mbeu

gwrtaith

fetereza

dyrnwr medi

mota yekukohwesa

cynaeafu
kukohwa

cynhaeaf
gohwo

iamau
mbatatisi

gwenith
gorosi

soi
soya

tysen
mbatatisi

grawn
chibage

had rêp
rapeseed

coeden ffrwythau
muti wemichero

manioc
mufarinya

grawnfwydydd
mbesa

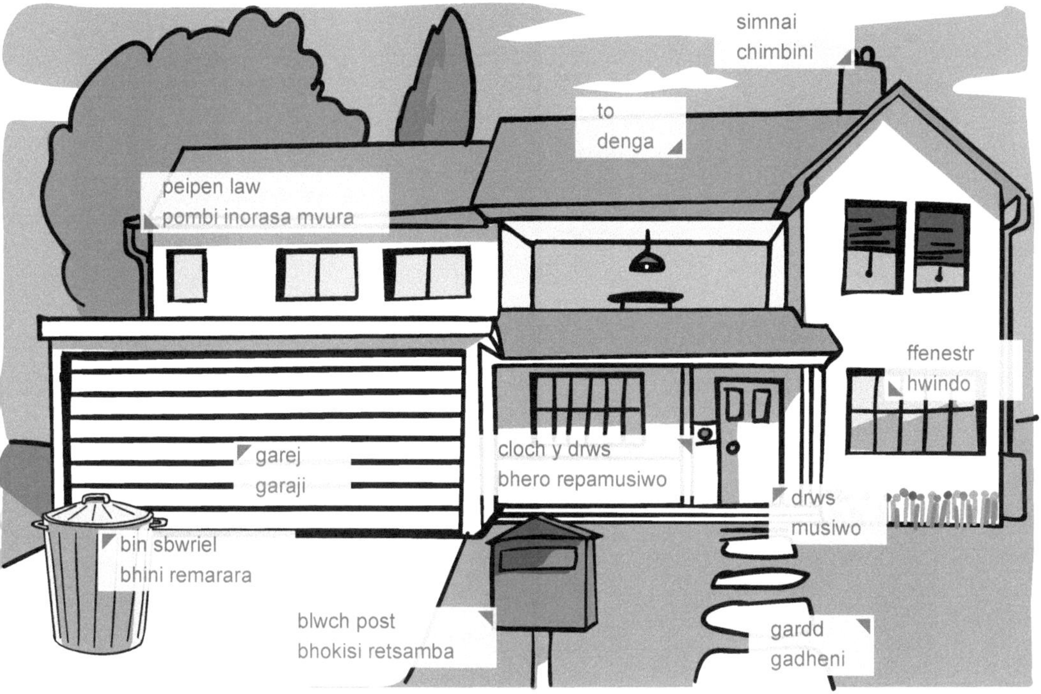

simnai
chimbini

to
denga

peipen law
pombi inorasa mvura

ffenestr
hwindo

garej
garaji

cloch y drws
bhero repamusiwo

drws
musiwo

bin sbwriel
bhini remarara

blwch post
bhokisi retsamba

gardd
gadheni

lolfa

imba yekutandarira

ystafell ymolchi

mekugezera

cegin

kicheni

ystafell wely

imba yekurara

ystafell plentyn

imba yemwana

ystafell fwyta

imba yekudyira

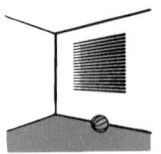

llawr
uriri

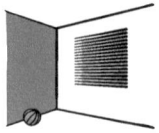

wal
madziro

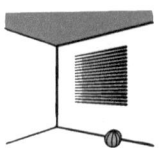

nenfwd
denga

seler
imba yepasi

sawna
sauna

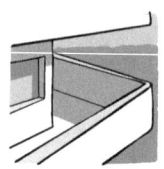

balconi
vharanda repadenga

teras
uriri hwepadenga

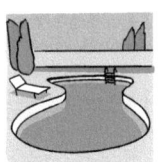

pwll
dziva rekushambira

peiriant torri gwair
muchina wekuchekesa uswa

taflen
jira

gorchudd gwely
chekufukidza mubhedha

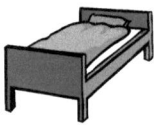

gwely
mubhedha

ysgub
bhurumu

bwced
bhaketi

swits
suwichi

lolfa

imba yekutandarira

papur wal
pepa remadziro
llun
pikicha
lamp
rambi
silff
sherufu
cwpwrdd
kabhati
teledu
TV
lle tân
nzvimbo yemoto
blodyn
ruva
clustog
kusheni
soffa
sofa
fâs
vhazi
rheolydd o bell
rimoti

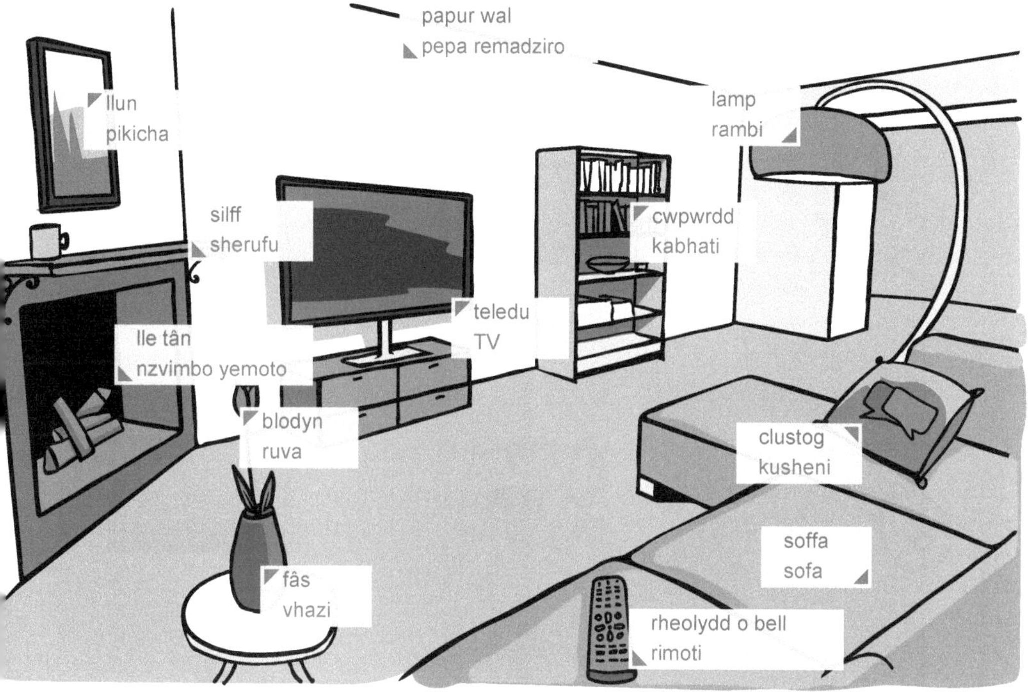

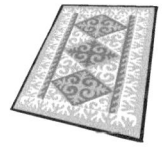

carped

kapeti

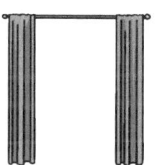

llen

keteni

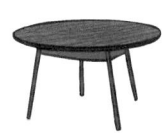

bwrdd

tebhuru

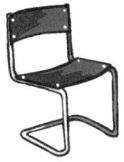

cadair

cheya

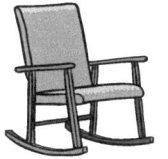

cadair siglo

cheya inozeya

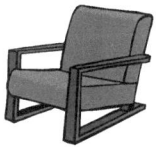

cadair freichiau

cheya ine pekuisa maoko

llyfr

bhuku

blanced

gumbeze

addurn

marongedzero

coed tân

huni

ffilm

firimu

hi-fi

redhiyo yehi-fi

agoriad

kii

papur newydd

pepanhau

darlun

mufananidzo

poster

posita

radio

redhiyo

llyfr nodiadau

pekunyorera

hwfer

muchina wekuhuvhisa

cactws

chinanazi

cannwyll

kenduru

cegin
kicheni

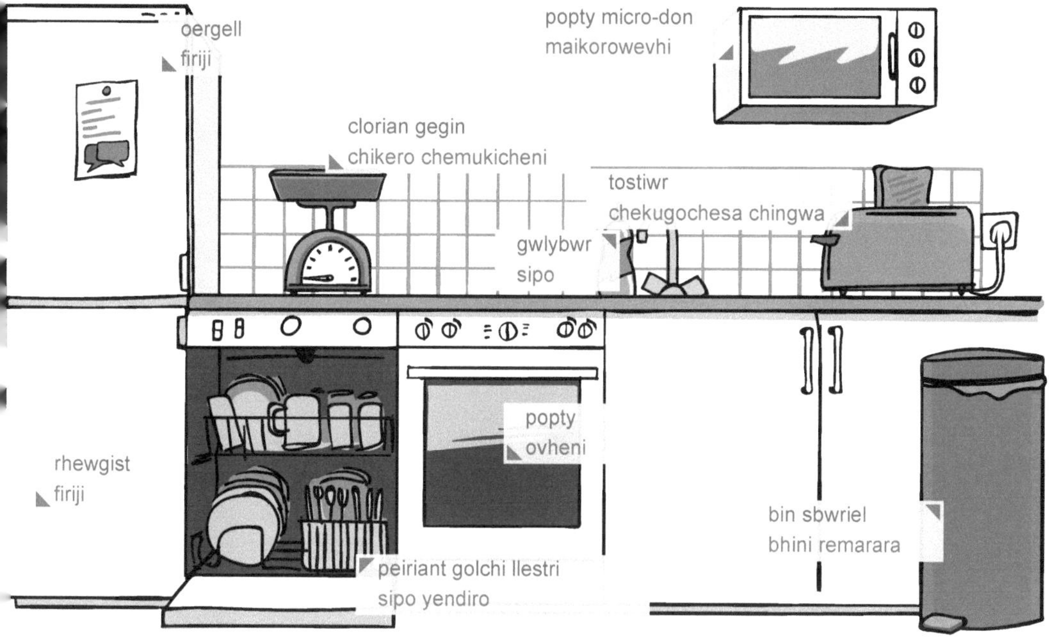

oergell
firiji
popty micro-don
maikorowevhi
clorian gegin
chikero chemukicheni
tostiwr
chekugochesa chingwa
gwlybwr
sipo
popty
ovheni
rhewgist
firiji
bin sbwriel
bhini remarara
peiriant golchi llestri
sipo yendiro

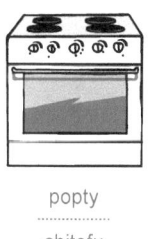

popty
chitofu

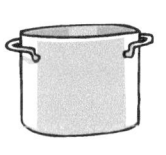

pot
poto

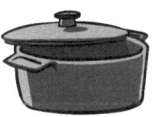

pot haearn bwrw
poto yesimbi

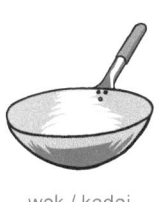

wok / kadai
wok / kadai

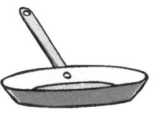

padell
pani

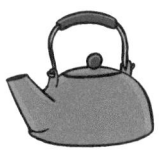

tegell
ketero

sosban stemio
chekubikisa neutsi
hwemvura

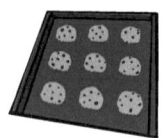

hambwrdd pobi
turei yekubhekesa

llestri
ndiro

mwg
kapu

powlen
dishi

gweill bwyta
tumiti twekudyisa

lletwad
chipunu

ysbodol
chipunu

chwisg
chekusanganisisa

hidlydd
chekukunisa

gogr
chekukunisa

gratiwr
chekugiretesa

morter
duri

barbeciw
chiwaya

tân agored
moto

bwrdd torri cig
....
chekuchekera

rholbren
....
chekutsimbiririsa
mukanyiwa

tynnwr corcyn
....
chekuvhurisa mabhodhoro
ewaini

tun
....
tini

peth agor tuniau
....
chekuvhurisa tini

clwt pot
....
girovhosi rekubatisa
zvinopisa

sinc
....
singi

brws
....
bhurasho

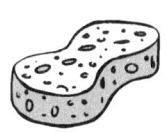

sbwng
....
chipanji

pciriant cymysgu
....
chinosanganisa

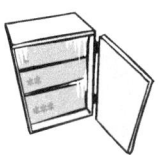

rhewgell
....
firiji

potel babi
....
bhodhoro remwana

tap
....
pombi

ystafell ymolchi
mekugezera

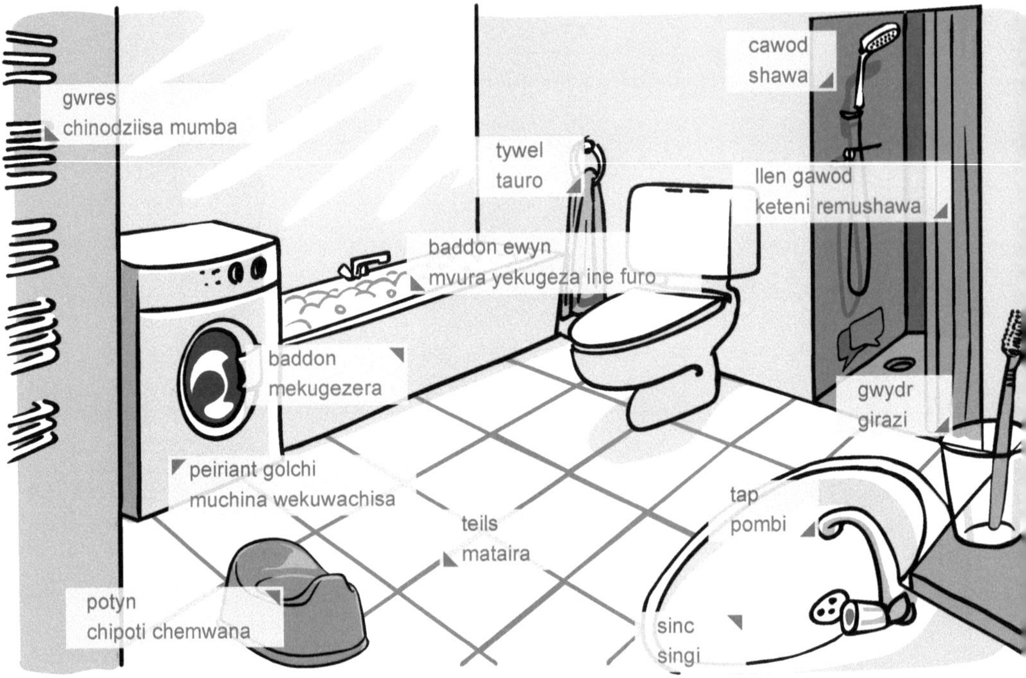

gwres
chinodziisa mumba
tywel
tauro
cawod
shawa
llen gawod
keteni remushawa
baddon ewyn
mvura yekugeza ine furo
baddon
mekugezera
gwydr
girazi
peiriant golchi
muchina wekuwachisa
tap
pombi
teils
mataira
potyn
chipoti chemwana
sinc
singi

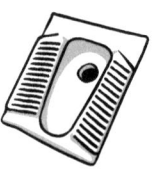

tŷ bach
toireti

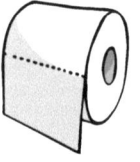

toiled cyrcydu
toireti yegomba

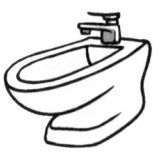

bidet
chemba

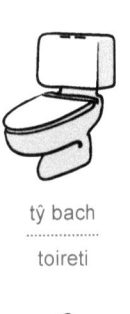

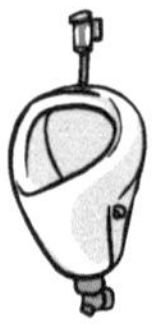
troethfa
chekuitira weti chevarume

papur tŷ bach
pepa remutoireti

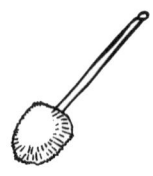

brws tŷ bach
bhurasho remutoireti

brws dannedd

bhurasho remazino

past dannedd

mushonga wemazino

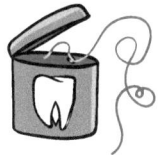

edau ddannedd

tambo yekugezesa mazino

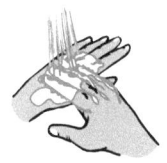

golchi

kugeza

cawod llaw

shawa yekuita zvekubata

golchfa

douche

basn

bheseni

brws-ôl

bhurasho remusoro

sebon

sipo

gel cawod

sipo yekugezesa mushawa

siampŵ

shambuu

gwlanen

chekugezesa

ffos

dhireni

hufen

mafuta

diaroglydd

chinonhuwirira

drych
girazi

drych llaw
girazi remumaoko

rasel
chekugeresa ndebvu

ewyn eillio
furo rekugeresa ndebvu

sent eillio
mafuta ekuzora wagera
ndebvu

crib
kamu

brws
bhurasho

sychwr gwallt
chekuomesa bvudzi

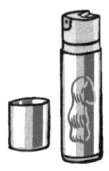

chwistrell gwallt
mushonga wekupfapfaidza
musoro

colur
zvekupodesa

minlliw
chekupendesa muromo

farnais ewinedd
chekupendesa nzara

gwlân cotwm
donje

siswrn ewinedd
chigero chenzara

persawr
pefiyumu

bag ymolchi

bhegi rezvekugezesa

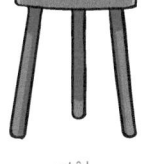

stôl

chituro

clorian

chikero

gŵn baddon

bathrobe

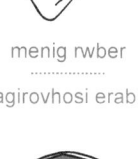

menig rwber

magirovhosi erabha

tampon

tampon

tywel misglwyf

pedhi

toiled cemegol

toireti inotakurwa

ystafell plentyn
imba yemwana

cloc larwm
wachi
tegan anwes
chitoyi chekurara nacho
car tegan
mota yekutambisa
cleciwr
hosho
tŷ dol
kamba kezvidhori
anrheg
chipo

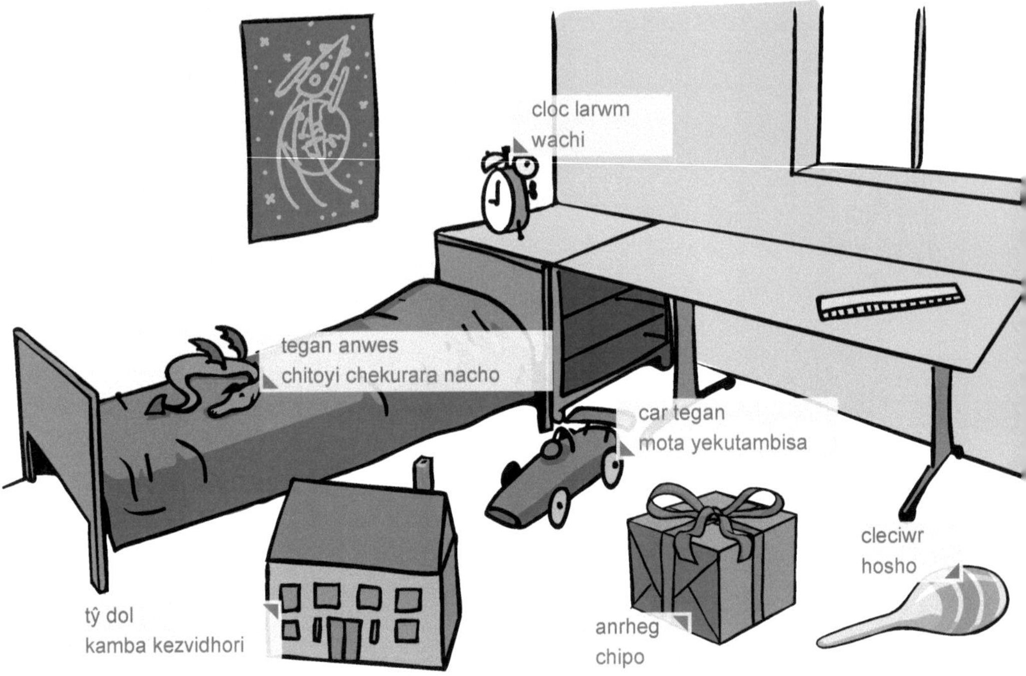

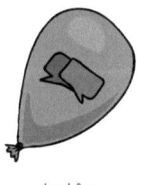

balŵn
chibharuma

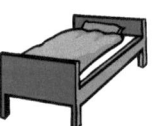

gwely
mubhedha

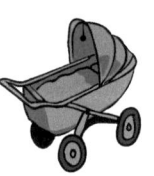

pram
purema

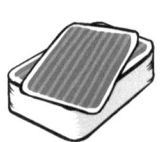

pecyn o gardiau
makadhi ekutamba

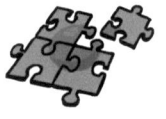

jig-so
puzzle

comic
makatuni ekuverenga

brics Lego

zvekuvakisa zvinhu

blociau adeiladu

mabhuroko ekuvakisa

ffigur gweithredu

chidhori

babygro

babygrow

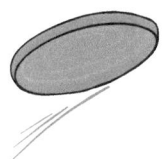

ffrisbi

chekutambisa uchikanda

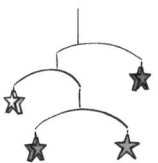

ffôn symudol

zvekuvaraidza mwana

gêm fwrdd

gemu rinotambirwa
pabhodhi

deis

dhaisi

set model trên

zvitima zvekutambisa

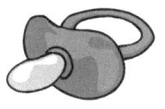

teth lwgu

chidhami

parti

mabiko

llyfr lluniau

bhuku remapikicha

pêl

bhora

dol

chidhori

chwarae

kutamba

pwll tywod

majecha ekutambira

swing

muzeerere

teganau

zvekutambisa

consol gemau fideo

chekutambisa magemu emavhidhiyo

beic tair olwyn

kabhasikoro kemavhiri matatu

tedi

teddy bear

cwpwrdd dillad

wadhiropu

dillad

zvipfeko

hosanau

masokisi

hosanau

masokisi

teits

matirauzi anobata muviri

sgarff
sikavha

ymbarél
amburera

crys-t
t-sheti

gwregys
bhandi

esidiau ymarfer
bhutsu

esgidiau
majombo

sliperi
bhutsu

sandalau
masanduru

esgidiau
bhutsu

esgidiau rwber
magambutsu

trôns
nduwe

bra
bhodhi

fest
vhesi

corff
muviri

trowsus
tirauzi

jîns
jini

sgert
siketi

blows
bhurauzi

crys
hembe

pwlofer
bhachi

hwdi
chibhachi

blaser
bhachi

siaced
bhachi

côt
jasi

côt law
renikoti

gwisg
koshitomu

gŵn
dhirezi

gwisg briodas
dhirezi remuchato

siwt

sutu

gŵn nos

hembe yekurarisa

pyjamas

mapijama

sari

chari

sgarff pen

headscarf

tyrban

heti

bwrca

burqa

cafftan

kaftan

abaya

abaya

gwisg nofio

hembe yekutuhwinisa

trowsus nofio

chikabudura

siorts

chikabudura

tracwisg

tirekisutu

ffedog

apuroni

menig

magirovhosi

botwm
bhatani

sbectol
magirazi

breichled
bhenguru

cadwyn
chuma

modrwy
rin'i

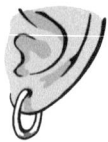

clustdlws
mhete

cap
kepisi

cambren
hen'a

het
heti

tei
tai

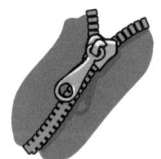

sip
zipi

helmed
herumeti

fframiau danedd
mabhandi

gwisg ysgol
yunifomu yekuchikoro

gwisg
yunifomu

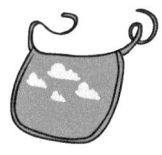

bib

chibhibhi

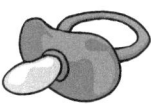

teth lwgu

chidhami

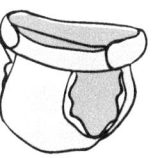

cewyn

napukeni

swyddfa
hofisi

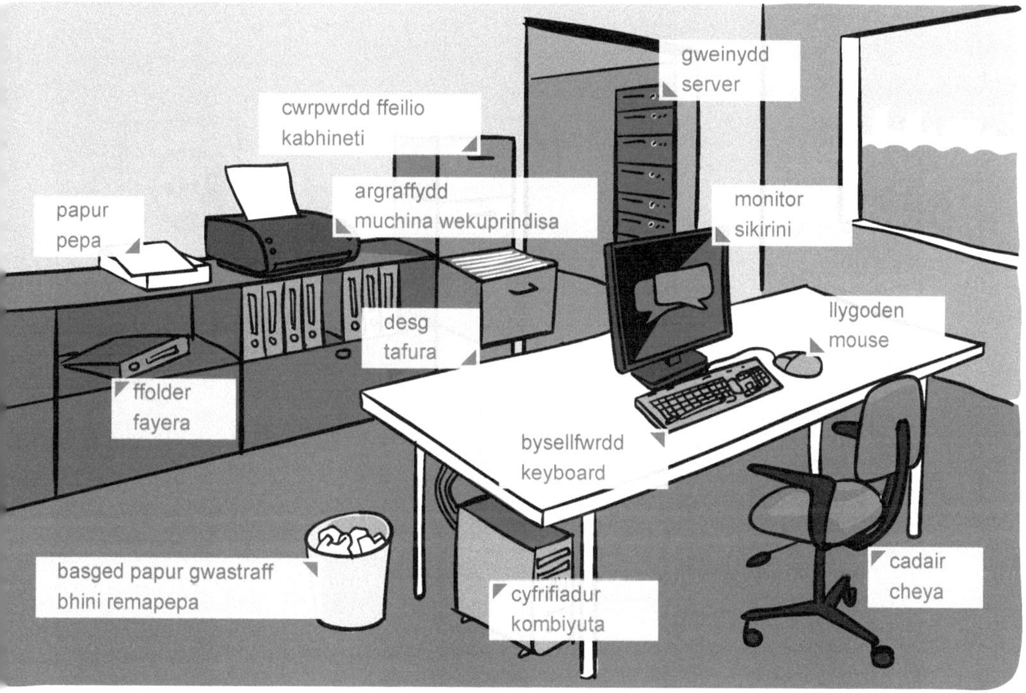
gweinydd server
cwrpwrdd ffeilio kabhineti
argraffydd muchina wekuprindisa
papur pepa
monitor sikirini
desg tafura
llygoden mouse
ffolder fayera
bysellfwrdd keyboard
basged papur gwastraff bhini remapepa
cyfrifiadur kombiyuta
cadair cheya

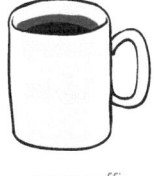

mwg coffi

kapu yekofi

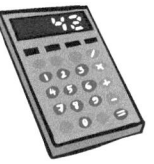

cyfrifiannell

kakureta

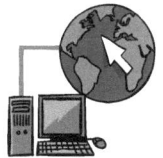

rhyngrwyd

indaneti

gliniadur

laptop

llythyr

tsamba

neges

tsamba

ffôn symudol

serura

rhwydwaith

network

llungopïwr

muchina wekufotokopesa

meddalwedd

software

teleffon

foni

soced plwg

pekupfekera magetsi

peiriant ffacs

muchina wefax

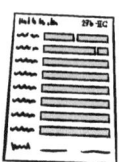

ffurflen

fomu

dogfen

gwaro

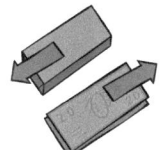

prynu
kutenga

talu
kubhadhara

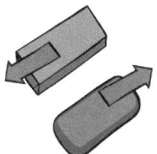

masnachu
kutengesa

arian
mari

doler
Dhora

ewro
Euro

yen
Yen

rwbl
rouble

ffranc y Swistir
Swiss franc

yuan renminbi
renminbi yuan

rwpi
rupee

peiriant arian
panobhadharwa

swyddfa gyfnewid

panochinjwa mari

aur

goridhe

arian

sirivha

olew

mafuta

ynni

magetsi

pris

mutengo

contract

chibvumirano

treth

mutero

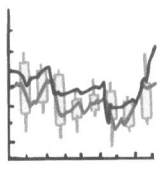

stoc

masitoku

gweithio

kushanda

cyflogai

mushandi

cyflogwr

mushandirwi

ffatri

fekitari

siop

chitoro

swyddi
mabasa

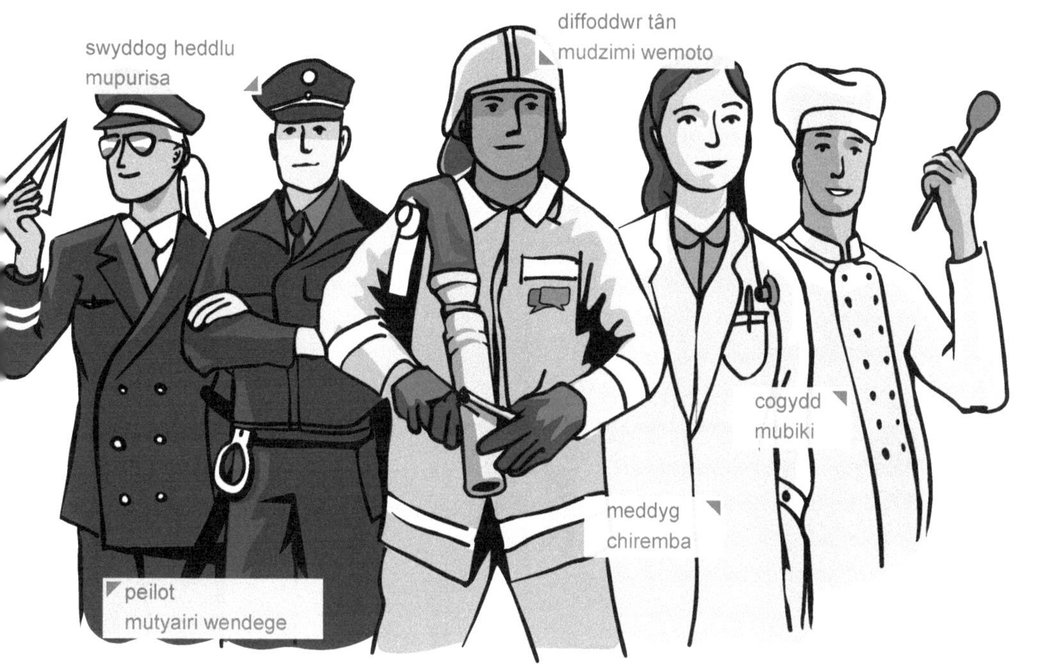
swyddog heddlu
mupurisa
diffoddwr tân
mudzimi wemoto
cogydd
mubiki
meddyg
chiremba
peilot
mutyairi wendege

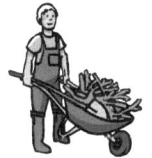

garddwr

mushandi wemugadheni

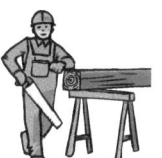

saer

muvezi

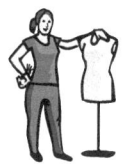

gwniadwraig

mukadzi anosona

barnwr

mutongi

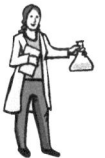

fferyllydd

anoita zvemishonga

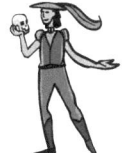

actor

ekita

gyrrwr bws

mutyairi webhazi

gyrrwr tacsi

mutyairi wetaxi

pysgotwr

muredzi

glanhawraig

mudzimai anochenesa

töwr

anogadzira denga

gweinydd

hweta

heliwr

muvhimi

paentiwr

anopenda

pobydd

mubiki wechingwa

trydanwr

mugadziri wemagetsi

adeiladwr

muvaki

peiriannydd

injiniya

cigydd

mushandi wemubhucha

plymiwr

puramba

dyn y post

positimeni

milwr

musoja

pensaer

anoita mapurani edzimba

ariannwr

mutengesi

gwerthwr blodau

mugadziri wemaruva

triniwr gwallt

mugadziri wemusoro

archwiliwr tocynnau
rheilffordd

kondakita

mecanydd

makanika

capten

kaputeni

deintydd

chiremba wemazino

gwyddonydd

musayindisti

rabi

rabbi

imam

imam

mynach

mumonk

clerigwr

mufundisi

offer

maturusi

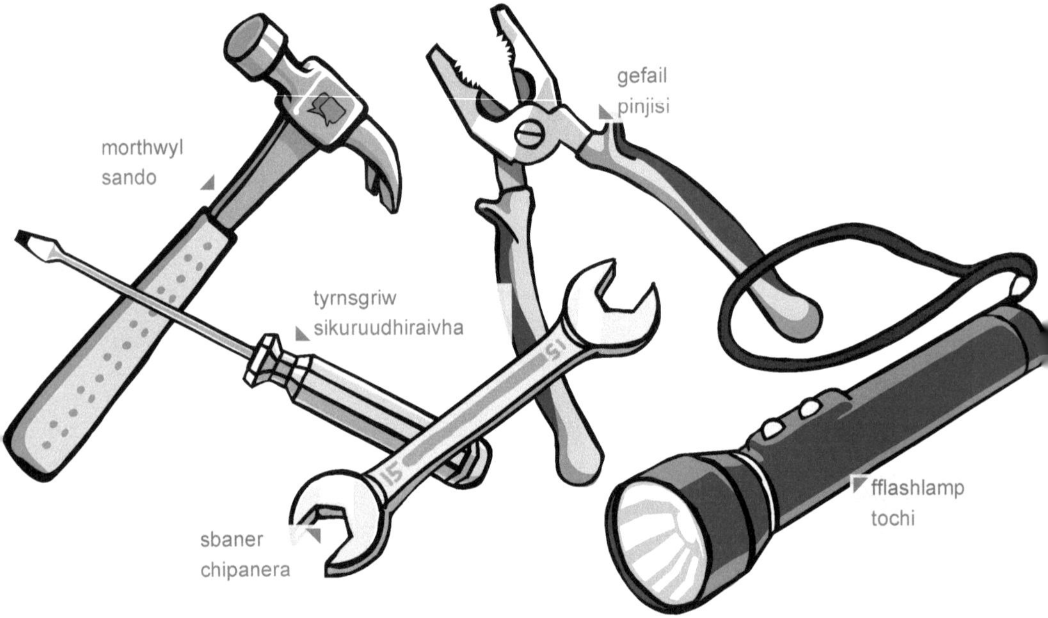

gefail
pinjisi
morthwyl
sando
tyrnsgriw
sikuruudhiraivha
fflashlamp
tochi
sbaner
chipanera

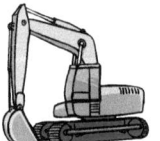

turiwr

chikatapira

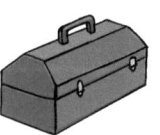

blwch offer

bhokisi rematurusi

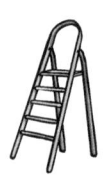

ysgol

manera

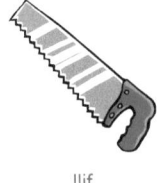

llif

saha

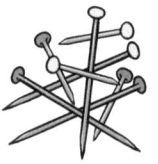

hoelion

zvipikiri

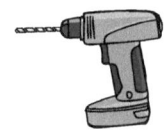

dril

chibooreso

trwsio

kugadzira

rhaw

foshoro

Daria!

Nxa!

rhaw lwch

chidyoreso

pot paent

gaba rependi

sgriwiau

masikuruu

offerynnau cerdd
zviridzwa

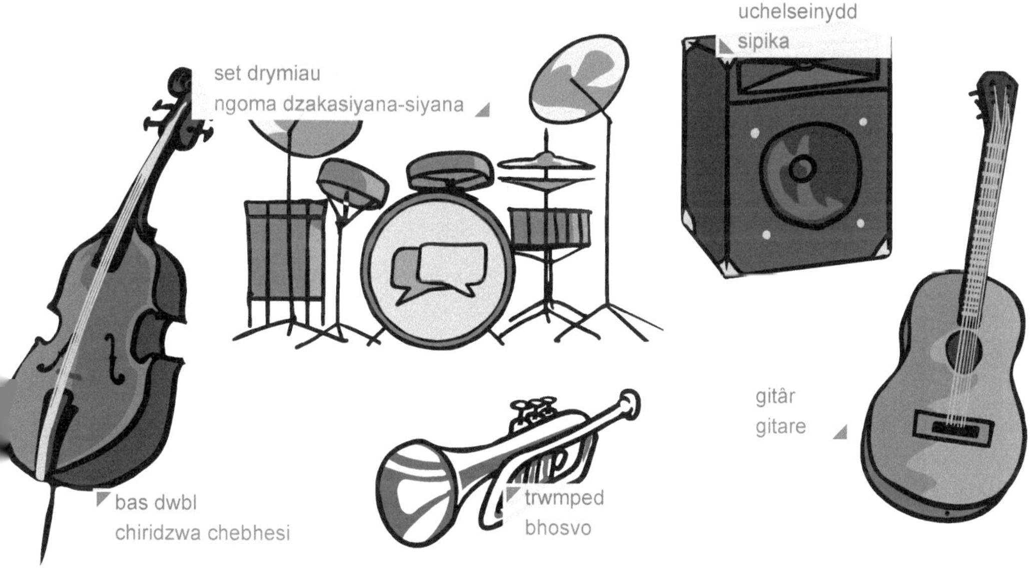

uchelseinydd
sipika

set drymiau
ngoma dzakasiyana-siyana

gitâr
gitare

bas dwbl
chiridzwa chebhesi

trwmped
bhosvo

piano
piyano

ffidil
violin

bas
gitare rebhesi

timpani
ngoma

drymiau
ngoma

cyweirfwrdd
piyano yemagetsi

sacsoffon
saxophone

ffliwt
nyere

meicroffon
maikorofoni

munochengeterwa mhuka

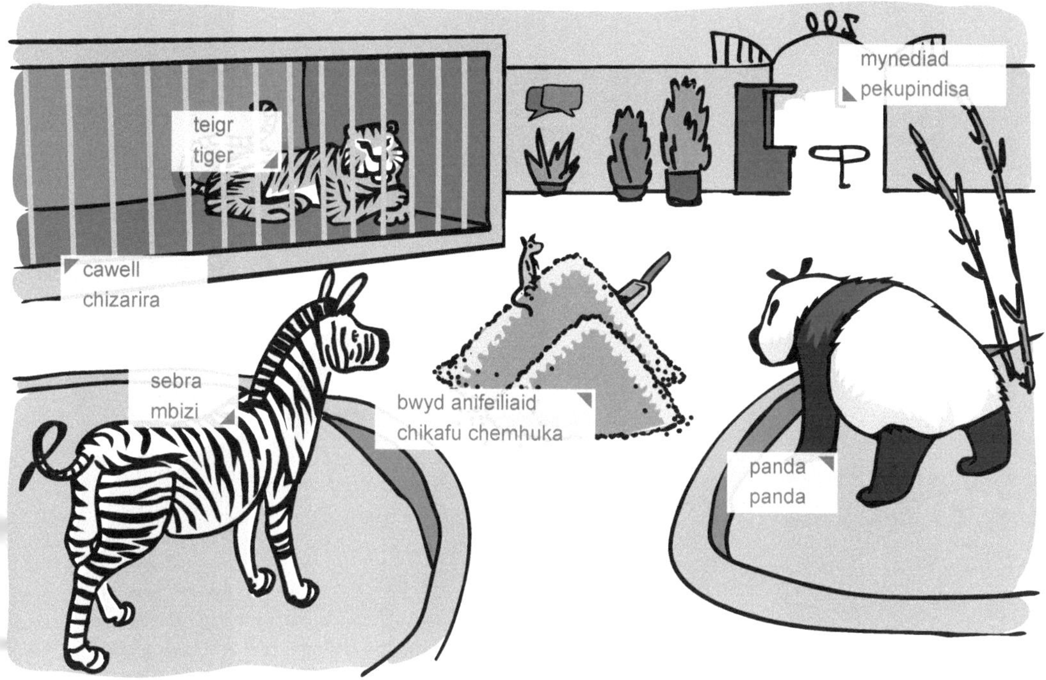

teigr
tiger

mynediad
pekupindisa

cawell
chizarira

sebra
mbizi

bwyd anifeiliaid
chikafu chemhuka

panda
panda

anifeiliaid

mhuka

eliffant

nzou

cangarŵ

kangaruru

rhinoseros

chipembere

gorila

gorilla

arth

bear

camel

ngamera

estrys

mhou

llew

shumba

mwnci

tsoko

fflamingo

flamingo

parot

parrot

arth wen

bear rekuchando

pengwin

penguin

siarc

shark

paun

pikoko

neidr

nyoka

crocodeil

garwe

gofalwr sŵ

muchengeti wenzvimbo
yemhuka

morlo

seal

jagwar

jaguar

merlyn

nyurusi

llewpard

ingwe

hipo

mvuu

jiráff

twiza

eryr

gondo

baedd

nguruve yemusango

pysgodyn

hove

crwban

kamba

walrws

walrus

llwynog

gava

gafrewig

nhoro

pêl-droed America
bhora rekuAmerica

beicio
kuchovha

tennis
tenisi

pêl-fasged
bhora rebhasiketi

nofio
kutuhwina

hoci iâ
hockey yemuchando

bocsio
tsiva

pêl-droed
nhabvu

badminton
badminton

athletau
zvekumhanya

pêl-law
bhora remaoko

sgïo
kuita ski

polo
polo

gweithgareddau
mabasa

chwerthin
kuseka
neidio
kusvetuka
cofleidio
kumbundira
cerdded
kufamba
canu
kuimba
breuddwydio
kurota
gweddïo
kunyengetera
cusanu
kutsvoda

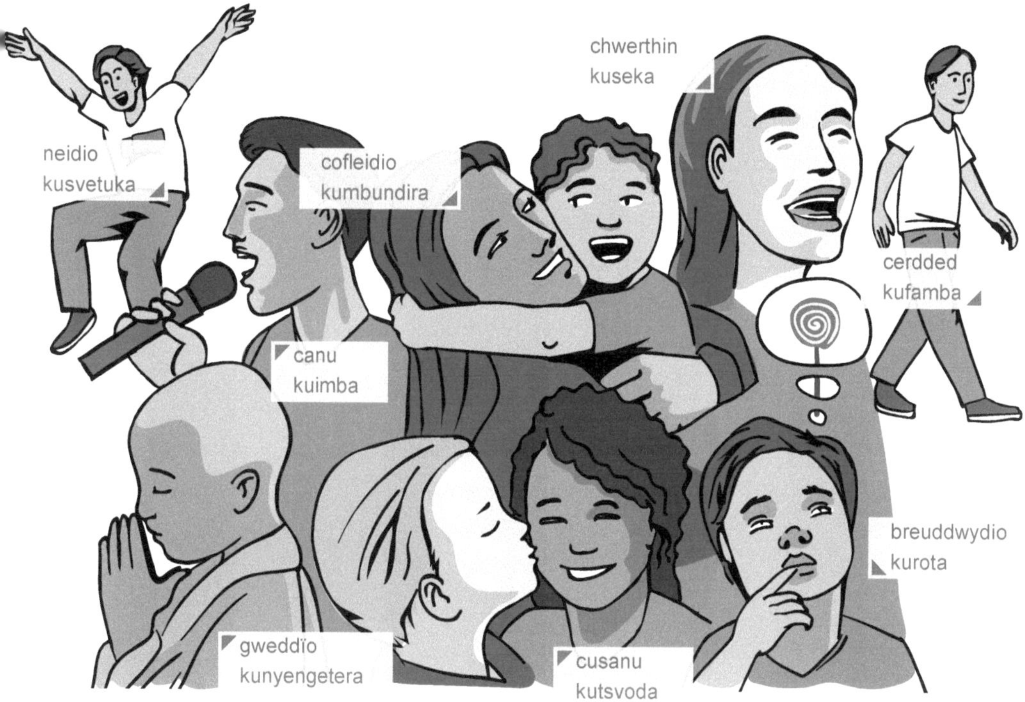

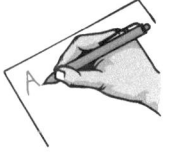

ysgrifennu
nyora

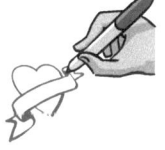

tynnu
kudhirowa

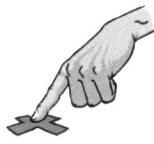

dangos
kuratidza

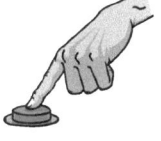

gwthio
kusunda

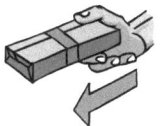

rhoi
kupa

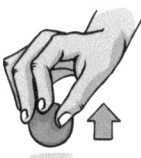

cymryd
kutora

bod gan

kuva ne

gwneud

kuita

bod

kuva

sefyll

kumira

rhedeg

kumhanya

tynnu

kudhonza

taflu

kukanda

disgyn

kudonha

gorwedd

kurara

aros

kumirira

cario

kutakura

eistedd

kugara

gwisgo amdanoch

kupfeka

cysgu

kurara

deffro

kumuka

edrych ar

kutarisa

crïo

kuchema

anwesu

kupuruzira

cribo

kukama

siarad

kutaura

deall

kunzwisisa

gofyn

kubvunza

gwrando

kuteerera

yfed

kunwa

bwyta

kudya

tacluso

kuchenesa

caru

kuda

coginio

kubika

gyrru

kutyaira

hedfan

kubhururuka

hwylio

kufambiswa nemhepo

cyfrifo

kakureta

darllen

kuverenga

dysgu

kudzidza

gweithio

kushanda

priodi

kuroora / kuroorwa

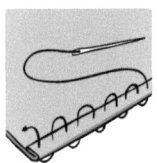

gwnïo

kusona

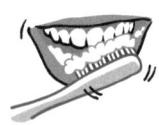

brwsio dannedd

kukwesha mazino

lladd

kuuraya

ysmygu

kuputa

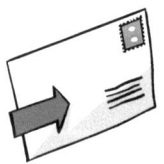

anfon

kutumira

nain
ambuya

taid
sekuru

tad
baba

mam
amai

baban
mwana

merch
mwanasikana

mab
mwanakomana

gwestai

muenzi

modryb

tete

ewythr

sekuru

brawd

hanzvadzikomana

chwaer

hanzvadzisikana

corff

muviri

talcen
huma
llygad
ziso
ysgwydd
bendekete
bys
munwe
wyneb
chiso
gên
chirebvu
llaw
ruoko
coes
gumbo
bron
chipfuva
braich
ruoko

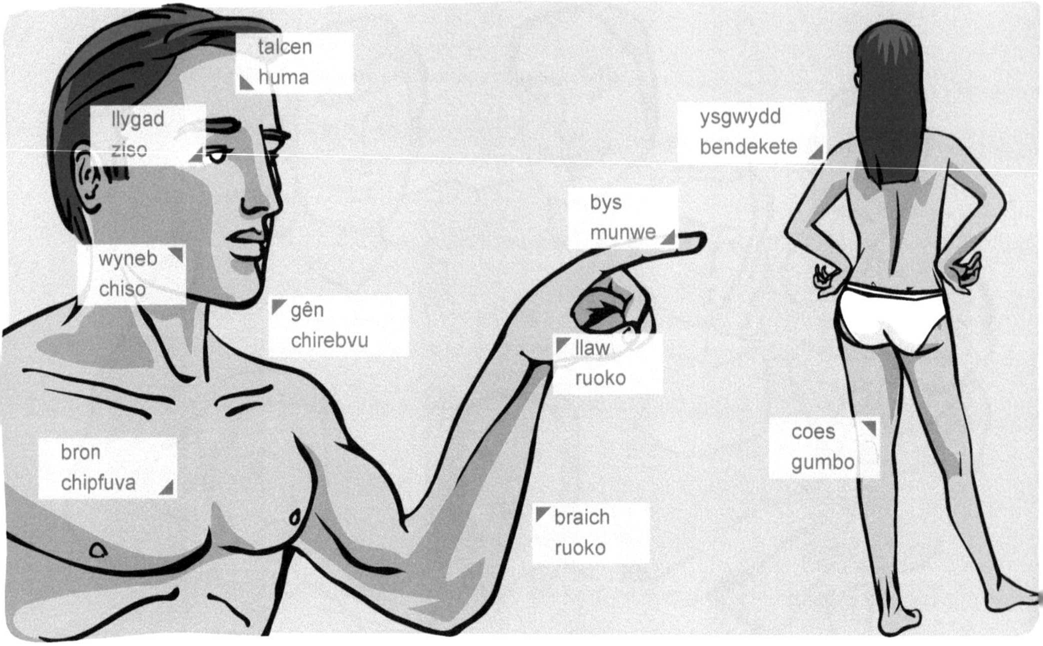

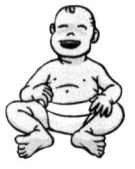

baban

mwana

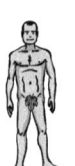

dyn

murume

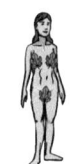

gwraig

mukadzi

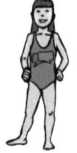

geneth

musikana

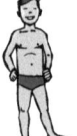

bachgen

mukomana

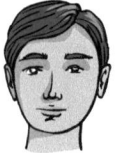

pen

musoro

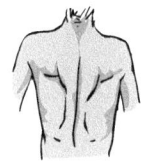

cefn
musana

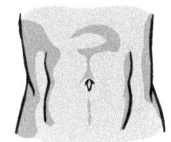

bel
dumbu

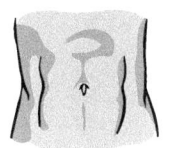

bogail
guvhu

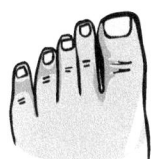

bys troed
chigunwe

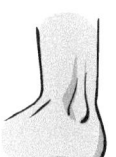

sawdl
chitsitsinho

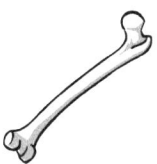

asgwrn
bhonzo

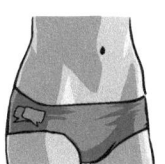

clun
hudyu

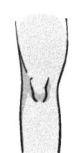

pen-glin
ibvi

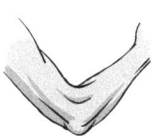

penelin
gokora

trwyn
mhino

pen ôl
garo

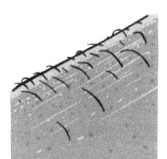

croen
ganda

boch
dama

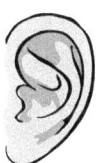

clust
nzeve

gwefus
muromo

ceg

mukanwa

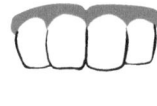

dant

zino

tafod

rurimi

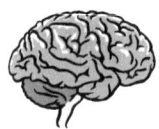

ymennydd

uropi

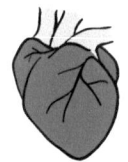

calon

mwoyo

cyhyr

tsandanyama

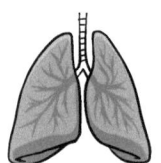

ysgyfaint

bapu

iau

chitaka

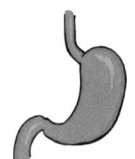

stumog

dumbu

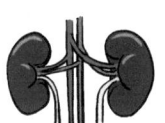

arennau

itsvo

rhyw

kuita bonde

condom

kondomu

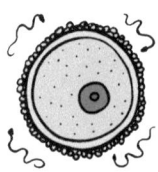

ofwm

zai

semen

urume

beichiogrwydd

nhumbu

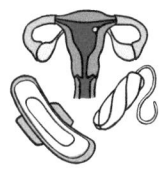

mislif

kuenda kumwedzi

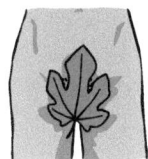

fagina

sikarudzi

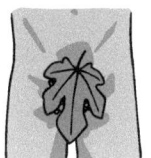

pidyn

mboro

ael

tsiye

gwallt

bvudzi

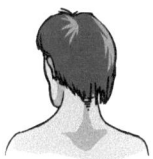

gwddf

mutsipa

ysbyty
chipatara

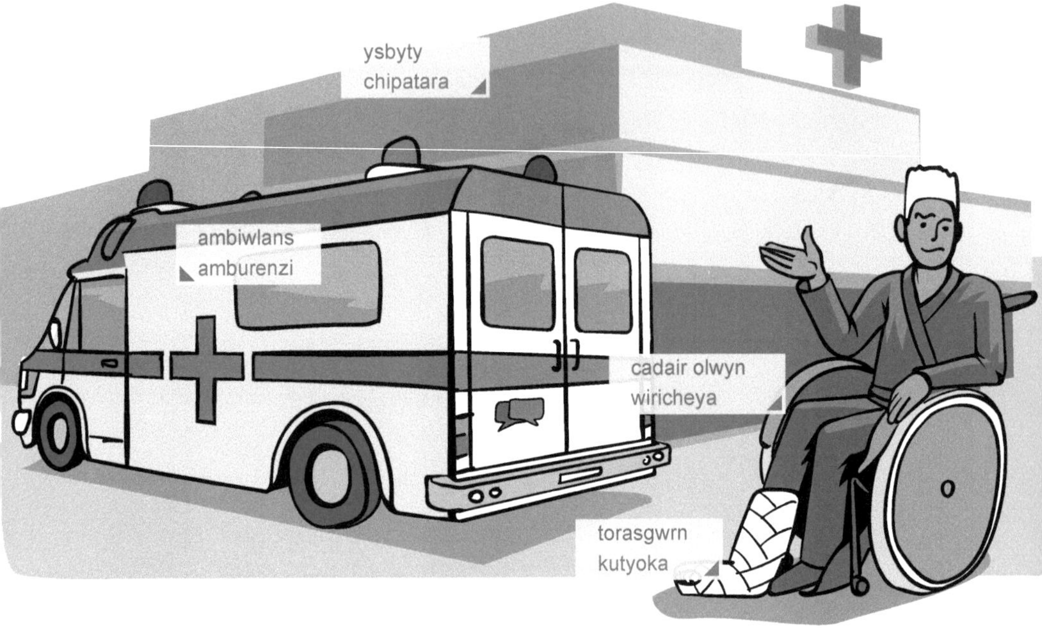

ysbyty
chipatara
ambiwlans
amburenzi
cadair olwyn
wiricheya
torasgwrn
kutyoka

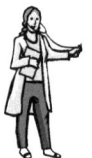

meddyg
chiremba

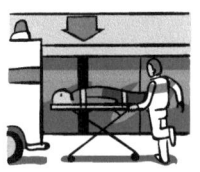

ystafell argyfwng
imba yerubatsiro

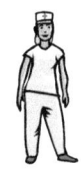

nyrs
nesi

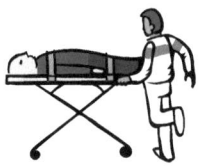

argyfwng
zvekukurumidza

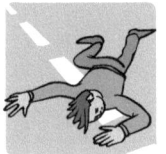

anymwybodol
kufenda

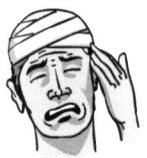

poen
rwadza

anaf

kukuvara

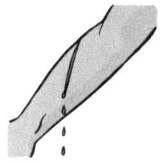

gwaedu

kubuda ropa

trawiad ar y galon

kuerekana mwoyo usisashandi

strôc

kuoma rutivi

alergedd

zvinorwarisa

peswch

chikosoro

twymyn

fivha

ffliw

furuu

dolur rhydd

manyoka

cur pen

kutemwa nemusoro

canser

mhuka

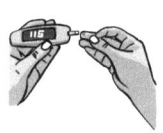

diabetes

chirwere cheshuga

llawfeddyg

muvhiyi

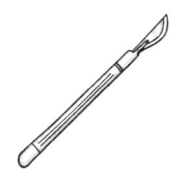

fflaim

kabanga keoparesheni

gweithrediad

oparesheni

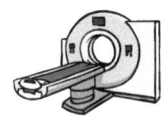

CT

CT

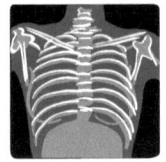

pelydr-x

x-ray

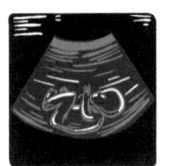

uwchsain

ultrasound

mwgwd wyneb

chekuvharisa mhino nemuromo

clefyd

chirwere

ystafell aros

mekumirira kurapiwa

bagl

chidhondoro

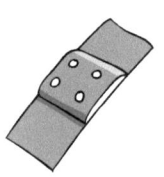

plastr

purasita

rhwymyn

bhandiji

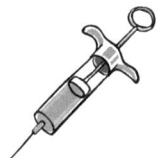

pigiad

jekiseni

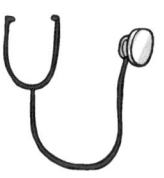

stethosgop

chekuteerera nacho mukati

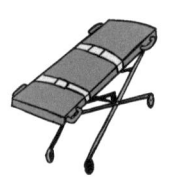

elorwely

kamubhedha kemurwere

thermomedr clinigol

chekutoresa nacho tembiricha

genedigaeth

kuzvara

dros bwysau

kufuta

cymorth clyw

chekubatsira kunzwa

diheintydd

mushonga unouraya utachiona

haint

utachiona

firws

vhairasi

HIV / AIDS

HIV / AIDS

meddygaeth

mushonga

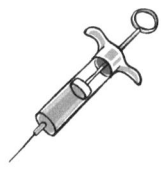

brechiad

kudzivirira zvirwere

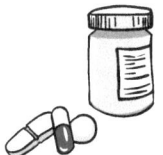

tabledi

mapiritsi

y bilsen

piritsi

galwad frys

kufonera rubatsiro ipapo ipapo

monitor pwysau gwaed

muchina wekuyeresa BP

yn sâl / yn iach

kurwara / kugwinya

Help!

Maiwe!

larwm

bhero

ymosodiad

kurwisa

ymosodiad

kurwisa

perygl

ngozi

allanfa argyfwng

pekupuda napo zvechimbi-chimbi

Tân!

Moto!

diffoddwr tân

chekudzimisa moto

damwain

tsaona

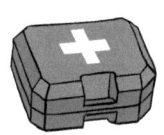

pecyn cymorth cyntaf

zvinhu zvefirst aid

SOS

SOS

heddlu

mapurisa

Ewrop

Europe

Gogledd America

Kuchamhembe kweAmerica

De America

Kumaodzanyemba
kweAmerica

Affrica

Africa

Asia

Asia

Awstralia

Australia

Iwerydd

Atlantic

y Môr Tawel

Pacific

Cefnfor yr India

Nyanza yeIndia

Cefnfor yr Antarctig

Nyanza yeAntarctic

Cefnfor yr Arctig

Nyanza yeArctic

Pegwn y Gogledd

Kuchamhembe

Pegwn y De

Kumaodzanyemba

Antarctica

Antarctica

y Ddaear

Nyika

tir

nyika

môr

gungwa

ynys

chitsuwa

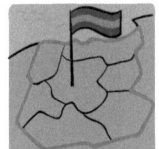

cenedl

nyika

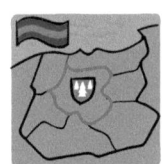

gwladwriaeth

nyika

wyneb cloc

wachi

bys awr

chinongedza awa

bys munud

chinongedza miniti

bys eiliad

chinongedza masekondi

Faint o'r gloch yw hi?

Inguvai?

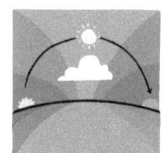

dydd

zuva

amser

nguva

yn awr

izvozvi

cloc digidol

wachi yemanhamba

munud

miniti

awr

awa

wythnos
vhiki

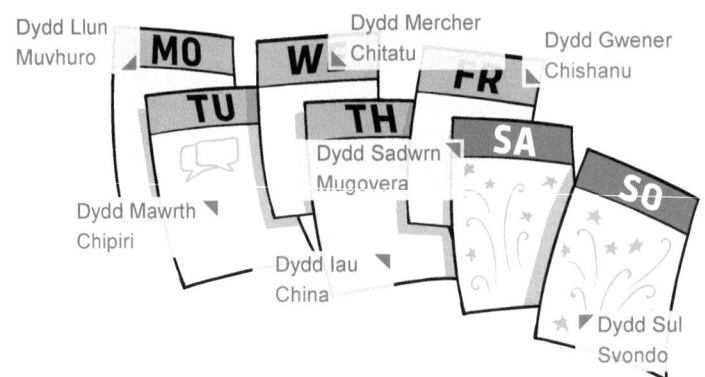

Dydd Llun
Muvhuro

MO

W

Dydd Mercher
Chitatu

TU

Dydd Gwener
Chishanu

FR

TH

SA

Dydd Sadwrn
Mugovera

SO

Dydd Mawrth
Chipiri

Dydd Iau
China

Dydd Sul
Svondo

ddoe
....
nezuro

heddiw
....
nhasi

yfory
....
mangwana

bore
....
mangwanani

canol dydd
....
masikati

noswaith
....
manheru

diwrnodiau busnes
....
mazuva ebasa

penwythnos
....
kupera kwevhiki

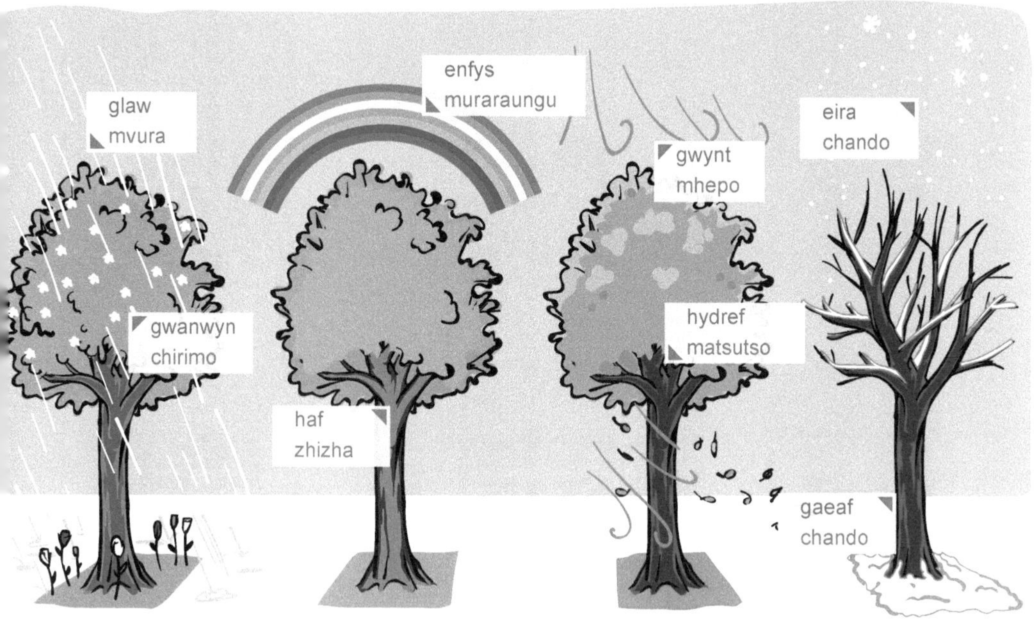

glaw
mvura

enfys
muraraungu

eira
chando

gwynt
mhepo

gwanwyn
chirimo

hydref
matsutso

haf
zhizha

gaeaf
chando

4.APRIL	11°	☀
5.APRIL	4°	☔
6.APRIL	13°	☔
7.APRIL	8°	❄
8.APRIL	10°	☀

rhagolygon y tywydd

mamiriro ekunze
anofungidzirwa

thermomedr

chekutoresa tembiricha

heulwen

zuva

cwmwl

makore

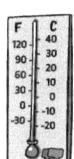

niwl tew

mhute

lleithder

hunyoro

mellt

mheni

taranau

kutinhira

storm

dutu

cenllysg

chivhuramabwe

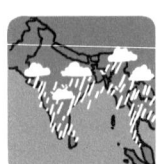

monsŵn

mhepo ine mvura

llif

mafashamo

iâ

mazaya echando

Ionawr

Ndira

Chwefror

Kukadzi

Mawrth

Kurume

Ebrill

Kubvumbi

Mai

Chivabvu

Mehefin

Chikumi

Gorffennaf

Chikunguru

Awst

Nyamavhuvhu

Medi
....
Gunyana

Hydref
....
Gumiguru

Tachwedd
....
Mbudzi

Rhagfyr
....
Zvita

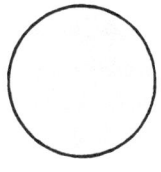

cylch
....
denderedzwa

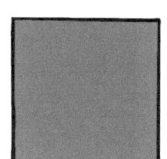

sgwâr
....
sikweya

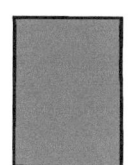

petryal
....
rectangle

triongl
....
triangle

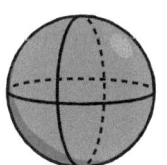

sffêr
....
bhora

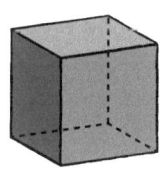

ciwb
....
bhokisi

gwyn

chena

melyn

yero

oren

orenji

pinc

pingi

coch

tsvuku

porffor

pepuru

glas

bhuruu

gwyrdd

girini

brown

kaki

llwyd

gireyi

du

nhema

llawer / ychydig

zvakawanda / zvishoma

dig / tawel

hasha / dzikama

hardd / hyll

naka / shata

dechrau / diwedd

kutanga / kuguma

mawr / bach

hombe / diki

llachar / tywyll

jeka / rima

brawd / chwaer

hanzvadzikomana /
hanzvadzisikana

glân / budr

chena / sviba

gyflawn / anghyflawn

kwana / kusakwana

dydd / nos

masikati / usiku

farw / yn fyw

yakafa / mhenyu

eang / cul

pamhamha / tetepa

bwytadwy / anfwytadwy

unodyiwa / haudyiwi

drwg / caredig

utsinye / mutsa

llawn cyffro / diflasu

kunakidzwa / kufinhwa

tew / tenau

kobvuka / tetepa

cyntaf / olaf

kutanga / kupedzisira

cyfaill / gelyn

shamwari / muvengi

llawn / gwag

rakazara / hairina kuzara

caled / meddal

oma / pfava

trwm / ysgafn

rema / reruka

wedi newynnu / yn sychedig

nzara / nyota

yn sâl / yn iach

kurwara / kugwinya

anghyfreithlon / cyfreithiol

zvisiri pamutemo / zviri
pamutemo

deallus / twp

kungwara / kupusa

chwith / dde

ruboshwe / rudyi

agos / pell

pedyo / kure

newydd / wedi'i ddefnyddio

matsva / matsaru

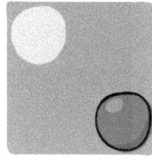

dim / rhywbeth

hapana / chiripo

hen / ifanc

kuru / duku

ymlaen / i ffwrdd

batidza/dzima

ar agor / ar gau

vhurika / vharika

tawel / uchel

nyarara / ruzha

cyfoethog / tlawd

mupfumi / murombo

cywir / anghywir

chakanaka / chakaipa

garw / llyfn

kukasharara / kutsvedzerera

trist / hapus

kusuwa / kufara

byr / hir

pfupi / refu

araf / cyflym

nonoka / kurumidza

gwlyb / sych

nyoro / oma

cynnes / claear

dziya / tonhora

rhyfel / heddwch

hondo / rugare

0

sero
zero

1

un
potsi

2

dau
piri

3

tri
tatu

4

pedwar
ina

5

pump
shanu

6

chwech
nhanhatu

7

saith
nomwe

8

wyth
sere

9

naw
pfumbamwe

10

deg
gumi

11

un deg un
gumi neimwe

12

un deg dau

gumi nembiri

13

un deg tri

gumi netatu

14

un deg pedwar

gumi neina

15

un deg pump

gumi neshanu

16

un deg chwech

gumi nenhanhatu

17

un deg saith

gumi nenomwe

18

un deg wyth

gumi nesere

19

un deg naw

gumi nepfumbamwe

20

dau ddeg

makumi maviri

100

cant

zana

1.000

mil

chiuru

1.000.000

miliwn

miriyoni

Saesneg

Chirungu

Saesneg America

Chirungu chekuAmerica

Tsieinëeg Mandarin

Mandarin yekuChina

Hindi

ChiHindi

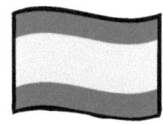

Sbaeneg

ChiSpanish

Ffrangeg

ChiFrench

Arabeg

ChiArabic

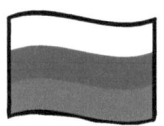

Rwseg

ChiRussian

Portiwgaleg

ChiPortuguese

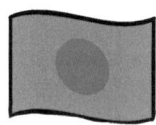

Bengali

ChiBengali

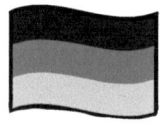

Almaeneg

ChiGerman

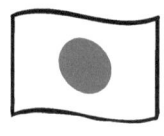

Siapanaeg

ChiJapanese

fi

ini

ti

iwe / imi

ef / hi

iye

ni

isu

chi

imi

nhw

ivo

pwy?

ani?

beth?

chii?

sut?

sei?

ble?

kupi?

pryd?

riini?

enw

zita

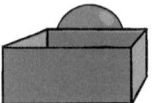

y tu ôl i

seri

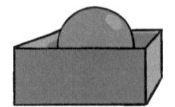

yn / yng / ym / mewn

mukati

o flaen

pamberi

dros

nepamusoro

ar

pamusoro

dan

pasi

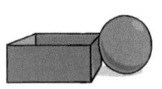

wrth ochr

divi

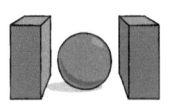

rhwng

pakati

lle

nzvimbo